AF495428

HISTOIRE

DU SERGENT

FLAVIGNY.

IMPRIMERIE DE LE NORMANT, RUE DE SEINE.

HISTOIRE
DU SERGENT
FLAVIGNY,
OU DIX ANNÉES
DE MA CAPTIVITÉ
SUR LES PONTONS ANGLAIS;

Avec Notes de M. Louis Garnerat, qui a fait les dessins des deux gravures, représentant l'intérieur et l'extérieur de cette affreuse prison, où il est aussi resté lui-même pendant dix ans.

TOME SECOND.

A PARIS,

CHEZ A. NEPVEU, LIBRAIRE,

PASSAGE DES PANORAMAS, N° 26.

MDCCCXXI.

HISTOIRE

DU SERGENT

FLAVIGNY.

C'ÉTOIT encore un principe constant du *transport-office*, et très-régulièrement suivi par ses commissaires, de ne jamais mettre au même ponton deux ou plusieurs prisonniers, qui eussent quitté leur dépôt ensemble, parce que leur rapprochement pouvoit apporter quelque adoucissement à leurs maux, ce qui eût été contraire aux vues du *transport-office*. Ainsi, l'ami étoit séparé de son ami, et le frère éloigné de son frère. Quelquefois même, lorsque quelqu'officier avoit contre lui des notes peu favorables, soit parce qu'il manifestoit son amour pour son pays ou pour toute autre raison semblable, il plaisoit à MM. les saints inquisiteurs du *transport-office* de le consigner dans le ponton, et de lui interdire la faculté de prendre l'air sur le pont. M. le lieutenant-colonel Poérir, entr'autres, s'est trouvé dans ce cas, et M. Ducrose, officier de la marine italienne, a long-temps gémi sous le poids de cette cruelle tyrannie.

Ces cruels persécuteurs faisoient quelquefois semblant de renvoyer en France les prisonniers infirmes et reconnus incurables, mais ce n'étoit qu'une vaine simagrée; car les visites qui se faisoient à cet effet, étoient d'une sévérité si outrée qu'elles eussent été ridicules, si l'on pouvoit appeler ainsi des opérations si cruelles dans leur intention, et si tristes dans leurs conséquences. Après cette prétendue délivrance, le ponton fourmilloit, comme auparavant, de vieillards de plus de soixante ans, caducs et décrépits, et d'infirmes en tous genres. On y voyoit des prisonniers avec une et deux béquilles, des amputés de différentes natures, sans parler de quantité de mousses, parmi lesquels il y avoit des enfans de sept à huit ans, qu'on gardoit, au mépris de toute justice et humanité.

Le *transport-office* se permettoit encore d'autres infamies. Souvent, des prisonniers étoient échangés en mer, par des corsaires, contre des Anglais capturés, qui rentroient de suite dans leur pays; mais, sur les malheureux Français, qui avoient été échangés à leur place, à peine en délivroit-on un vingtième. Il y en avoit dans notre ponton, ainsi que dans d'autres dépôts, un grand nombre qui avoient été ainsi échangés, et qui n'ont jamais pu obtenir l'exécution du cartel dans lequel ils avoient été compris.

Le *transport-office* poussoit la perfidie encore plus loin. Il retenoit dans les pontons des prisonniers échangés en vertu d'une capitulation ratifiée par les deux gouvernemens, et cela sous le prétexte spécieux que les officiers français avoient quitté leur dépôt, comme si, après un échange régulièrement consenti par les autorités compétentes, il pouvoit encore conserver quelque droit sur la personne d'un prisonnier de guerre français. M. Mervin, habitant de l'Isle-de-France, et M. Delaboucherie, capitaine d'artillerie des colonies, en étoient des exemples : échangés par la capitulation de l'Inde en 1805, ils ont en vain sollicité à plusieurs reprises leurs passeports des membres du *transport-office;* ils sont restés détenus à bord du ponton *le Prince couronné.*

Quelquefois il arrivoit que des prisonniers destinés à être changés de dépôt de détention changeoient leur tour, et faisoient partir des camarades à leur place par un arrangement qui convenoit aux deux parties. Hé bien, le croiroit-on! lorsque le *transport-office* étoit instruit de ces arrangemens, il refusoit de renvoyer ceux qui les avoient faits, et qui se trouvoient compris dans un cartel d'échange. Je pourrois citer plusieurs faits à l'appui de ce que j'avance; mais on connoît l'apologue du loup et de l'agneau. Pour le malheur de l'humanité, il n'a que trop souvent dans le monde son application, surtout parmi les nobles et loyaux insulaires. Convenons que les loups anglais ont bien peur qu'on ne vienne troubler leur eau, puisqu'ils prennent des précautions aussi basses pour le prévenir. Ainsi que je l'ai dit plus haut, pour payer les dégâts occasionnés au ponton par des trous faits pour déserter, le *transport-office* ordonnoit une retenue d'un tiers de ration sur tous les prisonniers de la batterie où le trou avoit été fait. Ce dommage étoit toujours porté infiniment au-dessus de sa valeur, comme je l'ai fait voir plus haut, et nos persécuteurs n'acceptoient jamais le paiement en argent comptant, lorsque nous offrions de l'effectuer, afin de pouvoir nous punir tout à l'aise par les horreurs de la faim. C'étoit une vexation criante; car, s'il est juste de faire payer un dommage, il ne l'est pas de frapper l'innocent avec le coupable, et surtout d'évaluer ce dommage à un prix si disproportionné à sa réalité; bien moins encore de se servir de ces moyens assassins pour s'indemniser de frais qu'on n'a point faits. Il existoit encore une infinité d'autres actes de tyrannie que ce bureau exerçoit sur nous, et qu'il seroit trop long de raconter. Je me contenterai de crayonner le portrait de notre principal tyran, le capitaine Hutchinson, premier agent du *transport-office*.

Un fond d'impénétrable méchanceté, renforcé par la haine la

plus prononcée contre les Français, faisoit l'essence de son caractère, qu'il couvroit très-bien au dehors par le vernis trompeur d'une urbanité fort engageante, mais qui, factice comme elle étoit, se démentoit chaque fois qu'on le voyoit agir.

C'étoit à lui qu'il falloit s'adresser pour toutes les réclamations qu'on avoit à faire ; rarement, il répondoit aux lettres qu'on lui adressoit à ce sujet ; s'il le faisoit quelquefois, c'étoit le plus souvent verbalement par un tiers, en refusant sèchement, sous prétexte qu'il n'avoit pas d'instruction à cet égard du *transport-office*. Par la nature de ses fonctions il étoit tenu de visiter les pontons de temps à autre pour écouter les plaintes des prisonniers, et surveiller leur traitement. Cependant ses visites étoient extrêmement rares et toujours nécessitées par quelques circonstances. Il parloit très-bien le français, mais pour rendre ses relations avec les prisonniers plus difficiles et moins fréquentes, il ne leur parloit d'ordinaire que par un interprète; et alors même que, seul avec lui, on lui parloit français, il ne répondoit jamais qu'en anglais. Infatigable à tourmenter les prisonniers, il en trouvoit des moyens sans nombre dans sa sordide cupidité et sa malignité.

Toutes les lettres qu'on écrivoit ou qu'on recevoit passoient par ses mains, et il étoit rare qu'on reçût une réponse à une lettre écrite, même à quelqu'un résidant en Angleterre, avant trois ou quatre mois. Quand le prisonnier qui écrivoit, avoit le malheur de déplaire à cet inquisiteur, il couroit risque de voir sa lettre interceptée, ou si elle ne contenoit que des choses insignifiantes, il pouvoit espérer recevoir une réponse au bout de sept à huit mois. Les réclamations ou pétitions adressées aux autorités supérieures, soit pour obtenir justice de quelque grief, soit pour solliciter quelque faveur, éprouvoient le même sort, ou même étoient égarées. Tout l'argent qu'on envoyoit aux prisonniers passoit par ses mains; ceux qui en avoient beaucoup à recevoir ne touchoient que trois ou quatre guinées par mois. Le surplus restoit entre ses mains, ainsi que l'argent qu'il jugeoit à propos de retenir, sous prétexte qu'il n'avoit pas de renseignemens suffisans pour savoir à qui il étoit adressé. La banque d'Angleterre où ces sommes étoient déposées, lui en payoit l'intérêt. C'étoit à peu près ainsi qu'en agissoient tous les geôliers des prisonniers français. Ils faisoient leur fortune aux dépens de ces malheureux.

Cet Hutchinson s'est même quelquefois permis de garder l'argent que plusieurs matelots avoient gagné sur les bâtimens de commerce venant des colonies. Ces hommes conduits dans les prisons, avoient, dans la traversée, gagné en travaillant sur les vaisseaux anglais, douze, quinze et vingt guinées, dont ils avoient reçu des certificats des capitaines des bâtimens respectifs. Hutchinson n'en a payé qu'un petit nombre, et ceux qui l'importunoient trop pour être payés, recevoient à la place leurs passeports pour la France, comme incurables.

Il lui est arrivé diverses fois d'éluder les ordres du *transport-*

office, par lesquels il lui étoit enjoint de renvoyer en France un prisonnier, sous prétexte qu'il manquoit de moyens nécessaires pour s'y rendre; ou, disoit-il, parce qu'il croyoit dangereux de le mettre en liberté. C'étoit par de telles impostures qu'il retenoit dans la plus dure captivité des malheureux, sans qu'ils pussent faire entendre leurs plaintes et leurs réclamations; car, on avoit beau être protégé par quelques uns de ses compatriotes, il lui étoit facile d'annuler toutes recommandations, en interceptant toutes communications de part et d'autre.

Pour achever de peindre cet homme atroce, je n'ajouterai que deux traits qui mettront à découvert toute la noirceur de son âme. Il avoit reçu ordre de renvoyer en France quarante prisonniers à la place de quarante Anglais renvoyés par le gouvernement français; il vint à bord du ponton annoncer cette bonne nouvelle à un officier de corsaire, ajoutant très-gracieusement qu'il le feroit comprendre dans la liste, qu'il n'avoit qu'à se tenir prêt à partir pour le lendemain. Cet officier, au comble de la joie, fait aussitôt tous les préparatifs de son voyage, et attend avec impatience l'heureux lendemain. Le moment désiré arrive; on fait l'appel de ceux qui devoient retourner dans leur patrie; mais l'officier attend vainement qu'on appelle son nom. Hutchinson passe auprès de lui, sans lui dire une parole, et le laisse ce que les Anglais appellent cruellement *disappointed*. Il est resté encore plus de six années prisonnier depuis que cette aventure arriva (6).

Une autre fois, M. Hutchinson demande à six officiers qui avoient quitté ensemble leur dépôt de détention, s'ils désiroient être tous réunis dans le même ponton, ou s'ils aimoient mieux être séparés. Ils répondirent qu'ils désiroient être réunis. — J'en suis fâché, répondit-il avec un souris patelin, les ordres du *transport-office* veulent que vous soyez séparés.

Il y auroit encore plus à dire sur les commandans subalternes des pontons, et sur les mauvais traitemens qu'ils faisoient souffrir aux prisonniers; mais on auroit aussitôt fait de compter les gouttes d'eau de l'immense Océan, que de vouloir les rapporter tous : en effet, comment calculer jusqu'à quel point se portoit l'abus d'un pouvoir absolu, et sans aucun frein, si ce n'est celui d'une aversion extrême contre des malheureux, livrés sans défense aux mains de l'ineptie et de la méchanceté?

La plupart des vexations que l'on éprouvoit de ces âmes de boue, sont renfermées dans les détails que j'ai donnés précédemment. Je n'ajouterai donc ici que quelques particularités qui dépendoient plus immédiatement du caractère personnel de ces petits despotes.

Ils étoient, en général, hautains, brusques et grossiers envers les prisonniers. Hommes de néant, ils sentoient intérieurement leur réelle insuffisance, et tâchoient d'y suppléer en se donnant une importance factice par la morgue et la brutalité dont ils usoient, surtout envers les officiers, dont ils ne pouvoient méconnoître la supériorité, et qu'ils tâchoient de mortifier autant qu'il dépendoit d'eux. Mais, semblables à tous les tyrans, ils étoient lâches lorsqu'il s'agissoit de payer de leur personne; ce qu'on a vu dans quelques occasions assez rares, où le désespoir d'un prisonnier leur a fait demander pardon à genoux.

Lorsque le commandant d'un ponton donnoit un ordre, juste en soi, il étoit ordinairement obéi; car les Français étoient, en général, raisonnables, et s'il se trouvoit parmi nous quelque insensé, la saine majorité des prisonniers parvenoit facilement à lui faire entendre raison. Mais, souvent, les ordres étoient arbitraires et injustes; alors les refus étoient moins rares, et ceux qui ne vouloient pas se prêter aux caprices du commandant, étoient jetés dans un cachot, appelé *Black hole*, le trou noir.

C'étoit une pièce d'environ six pieds en carré, pratiquée au fond de la cale, à huit pieds sous l'eau, où le jour ne pénétroit jamais, et où l'air étoit entièrement comprimé. Ce cachot servoit de punition pour les délits, quels qu'ils fussent, et le règlement vouloit qu'on ne pût jamais y être renfermé plus de dix jours de suite.

Quelquefois le commandant, sans prévenir le *transport-office*, consignoit, de sa propre autorité, les prisonniers dans leurs batteries, et les privoit pendant des semaines, et des mois, de la faculté d'aller respirer sur le pont. Si le nombre des prisonniers qui refusoient de plier à ses volontés tyranniques étoit trop grand pour qu'on pût les envoyer tous au cachot, le commandant ne trouvoit d'autre moyen de les punir que de retrancher les vivres et l'eau à tout le monde, jusqu'à ce qu'il eût été obéi. Ce mode de punition étoit très-fréquent à bord de quelques pontons; c'étoit aussi le moyen dont on se servoit pour découvrir les auteurs des délits inconnus.

Quelquefois il plaisoit aussi à M. le commandant de renfermer les prisonniers dans leurs batteries, en faisant descendre le panneau de l'escalier, et clore tous les sabords (*) et les hubleaux, pour

---

(*) Sorte d'embrasure par où on tire le canon.

les tourmenter par l'obscurité et la corruption de l'air qui n'avoit aucun passage. Nous restâmes une fois dans cet état, vers la fin de juillet, où il faisoit excessivement chaud, pendant trente-six heures, et nous y serions restés plus long-temps si quelques prisonniers ne s'étoient avisés de frotter sur les murs avec des cailloux, ce qui forma un concert si discordant et si épouvantable, que la femme du commandant ne pouvant reposer, on fut obligé de rendre la liberté aux prisonniers, pour qu'ils cessassent leur vacarme.

S'il arrivoit que nous refusassions le pain, et que le commandant ne voulût pas nous faire rendre justice, en renvoyant aux fournisseurs le mauvais pain, nous nous assemblions en foule sur le pont pour faire entendre au commandant nos justes réclamations. Il commençoit, au préalable, par faire mettre sa garnison sous les armes, et par faire descendre dans le parc tous les prisonniers qui étoient sur le gaillard-d'avant; quand nous étions tous renfermés, et que l'escalier étoit rangé sur le pont, et gardé par plusieurs sentinelles, il faisoit hisser le pavillon de révolte. Aussitôt tous les autres pontons envoyoient une partie de leur garnison à bord de celui que l'on supposoit insurgé. A voir toute cette force armée qu'on mettoit en mouvement, cet appareil terrible, et les manœuvres diverses exécutées de tous côtés, on eût cru que le gouvernement anglais étoit en danger, tandis qu'il n'étoit question que de renvoyer à un fripon de fournisseur, du pain de mauvaise qualité, ou une certaine quantité de harengs saurs pourris : c'étoit véritablement *la montagne en travail qui accouche d'une souris*. Après une longue persévérance de la part des prisonniers, et de mauvaises défaites de celle des Anglais, qui sembloient faire tout ce qu'ils pouvoient pour favoriser les filouteries des fournisseurs, ces derniers cédoient à la voix de la justice, ou plutôt, craignant de pousser des malheureux au désespoir, ils envoyoient d'autres vivres, et nous remportions une triste victoire, puisqu'elle nous valoit les deux tiers de la journée, passée sous la pluie, sans avoir rien mangé ni bu depuis la veille. Tout rentroit enfin dans l'ordre accoutumé; pressés par la faim, nous nous retirions dans nos batteries pour satisfaire notre appétit dévorant; les soldats retournoient à leurs vaisseaux, et la garnison déposoit ses armes, sauf toutefois, les soldats de la garde ordinaire.

Je finirai ce tableau par deux traits qui en diront plus que tous les détails que je pourrois ajouter. Le jour du Mardi-Gras, 11 février 1811, le commandant du ponton ordonna, tout exprès, une corvée que les prisonniers n'étoient pas obligés d'exécuter, et dont ils se soucioient encore moins de lui faire présent dans un jour où l'on ne pense qu'à se réjouir. Ils refusèrent donc, et eurent même la bonté de motiver leur refus. Le commandant, voyant qu'il ne pouvoit pas leur faire passer ce jour dans un bas et pénible exercice, le leur fit fèter de la manière la plus canonique, c'est-à-dire par le jeûne et l'abstinence, en les privant de leurs rations jusque fort avant dans la soirée.

Voici l'autre fait : Le nommé Boucaut, canonnier d'artillerie de la marine, vint dans la prison avec ses moustaches. Comme cette décoration martiale est généralement détestée par les Anglais, l'agent du dépôt ordonna à Boucaut de couper les siennes. Il refusa d'obéir à cet ordre arbitraire et ridicule. Il fut mis au cachot, où, en dépit de la justice et de l'humanité, il resta pendant plus de trois mois. Qu'attendre de plus d'un farouche tyran d'Asic. *In arduis obscurus, in levibus fulgens* (*).

Si l'on trouvoit autant de bassesse, alliée à tant de cruauté dans les chefs, que ne devoit-on pas attendre des subalternes, tels que les maîtres, faisant fonctions d'officiers, les sous-officiers et soldats qui étoient sous leurs ordres? Ils étoient les instrumens de leur tyrannie, et achevoient l'ouvrage que ceux-ci auroient pu laisser

---

(*) Foible et perdu dans les grandes affaires, grand, fort, et radieux dans les riens ordinaires.

imparfait. L'exemple est contagieux, surtout lorsqu'il est donné par les chefs. Le mauvais exemple l'est doublement, et plus encore pour des âmes dans lesquelles l'ignorance et la grossièreté augmentent le penchant naturel vers la bassesse. Il n'y a pas de difformité trop hideuse pour ne pas être adoptée par ceux qui pensent, que par une imitation servile, ils plairont à ceux dont ils dépendent. S'il étoit permis de ravaler les personnages historiques, en leur comparant des atomes dont l'élément est le néant, je citerois ici Alexandre, qui étant un peu contrefait, ne se voyoit entouré que de courtisans qui affectoient d'être bossus; mais l'on me croira sans parabole.

....

A bove majori discit arare minor.

Les inclinations brutales et impertinentes de ces vils suppôts de la plus lâche tyrannie étoient alimentées, non seulement par l'impunité, mais encore par les récompenses qu'ils recevoient, par un avancement plus rapide, en raison de leurs procédés grossiers et vexatoires envers les prisonniers. On en a vu un, entre autres, parvenir, dans l'espace de six semaines, de simple soldat jusqu'au grade de sergent pour avoir bien fait le méchant envers les prisonniers français; mais c'étoit son but, et ses manières brusques n'étoient que feintes : aussi les quitta-t-il lorsqu'il fut parvenu. Il ne s'est même pas caché de cette manœuvre vis-à-vis de nous.

Rien n'égaloit l'irrévérence et la malhonnêteté avec lesquelles les sous-officiers et soldats se comportoient à l'égard des prisonniers, en général, et des officiers en particulier. Jamais ils ne leur disoient avec douceur ce qu'ils avoient à leur dire; les premiers étoient souvent apostrophés du titre de *rascals* (coquins), et les derniers des dénominations familières de *my boy*, *my lads* (mes garçons). Mais on leur eût passé volontiers ces paroles insolentes, qu'il faut dédaigner de la part d'individus si abjects et si méprisables, s'ils ne se fussent portés, en même temps, à des voies de fait, dont la violence, outre qu'elle affectoit l'âme, étoit souvent pernicieuse à la santé, et à la vie même de ceux qui en étoient les victimes.

Leur occupation favorite étoit d'avertir les prisonniers à coups de poing, de sabre et de crosses de fusil, ou à coups de baïonnettes, de la volonté du chef, ou de la leur propre. En voici deux ou trois exemples entre mille.

Un prisonnier étoit occupé à laver sa gamelle à la pompe, comme cela se pratique journellement après qu'on a mangé sa soupe. Le factionnaire qui étoit à côté, lui dit, on ne sait pourquoi, de se retirer. Le prisonnier qui étoit sourd, ne l'entendit point, et reçut pour cela du factionnaire, un coup de baïonnette qui l'étendit par terre. Pour toute punition, le soldat fut relevé de son poste, après qu'on se fut plaint de sa brutalité.

Un autre factionnaire, étant de garde dans la galerie du ponton, crut s'apercevoir qu'on scioit une grille en plein jour; il n'eut pas plus tôt crié aux prisonniers, qui étoient proches du hubleau, de s'éloigner, qu'il tira son coup de fusil dans le ponton, et blessa grièvement deux malheureux, qui étoient tranquillement occupés loin de ce hubleau.

Ces geôliers en sous-ordre ajoutoient à ces forfaits le crime commun à tous les geôliers de nous voler impudemment; comme c'étoit par leur intermédiaire que se faisoit tout le commerce du ponton, ils avoient de fréquentes occasions de nous tromper, et ils savoienten profiter d'une manière vraiment révoltante; outre qu'ils nous faisoient payer toutes les marchandises qu'ils apportoient le quadruple de leur valeur réelle, et qu'ils mettoient un prix exorbitant à leur droit de commission, ils nous faisoient encore des emprunts forcés, prenoient à crédit des produits de notre pénible industrie, et nous retenoient l'argent qu'ils retiroient de la vente de ces objets; rarement ils nous en tenoient compte. Nous ne savions presque jamais à qui adresser nos réclamations; les officiers faisoient souvent comme eux; l'exemple venoit d'en haut, et les loups ne se mangent pas entre eux. Tout ce qu'on obtenoit étoit un *je ne saurois qu'y faire*, prononcé froidement et sèchement, et en haussant les épaules. Ravir, par la plus lâche violence, ou escroquer, par la plus vile fraude, à des malheureux le fruit du plus amer et du plus pénible travail, étoit regardé, par ces monstres, comme une bagatelle indigne de l'attention d'un homme sensé; et la propriété des prisonniers étoit à leurs yeux une vaste piscine, où l'on pouvoit pêcher à son aise tous les poissons qui s'offroient sous la main.

C'étoit ainsi que je buvois avec

mes malheureux compagnons d'infortune, jusqu'à la lie, dans la coupe d'amertume. Il y avoit près de dix années que je languissois dans cette affreuse prison; ma poitrine étoit sensiblement affectée d'un séjour prolongé dans une atmosphère infecte et malsaine; je commençois à m'affoiblir extrêmement lorsque la prise de Paris par les alliés le 30 mars 1814, et les événemens qui en furent la suite, nous firent entrevoir l'aurore de notre liberté; en effet, nous ne tardâmes pas à apprendre la cessation de toutes hostilités, et le bannissement de l'empereur à l'île d'Elbe. Nous eûmes bientôt la douce certitude de notre délivrance; et les Anglais, devenus tout à coup nos amis, après nous avoir si cruellement maltraités, nous annoncèrent notre prochain retour en France. Le 16 mai 1814, fut l'heureux jour de ma liberté, et, le 22 du même mois, j'embrassai la terre de France.

NOTES

OU PIÈCES JUSTIFICATIVES.

N° I.

Note extraite de l'ouvrage intitulé : Victoires et Campagnes des Français.

..... Le 8 prairial (mai 1800), le général Béthencourt, chargé de conduire l'expédition par le Simplon, arriva à l'un de ces points où le passage n'est obtenu que par des pièces de bois dont une extrémité pose dans le rocher creusé ; l'autre est supportée par une poutre en travers. Cette espèce de pont avoit été emportée par un éclat de roche parti de la plus grande élévation, et qui avoit tout entraîné dans un torrent roulant avec le plus horrible fracas. Le général Béthencourt avoit vos ordres, il déclara que nul obstacle ne devoit arrêter, et aussitôt il fut résolu d'employer le moyen suivant : il ne restoit de tout ce que l'art avoit ici tenté pour vaincre la nature, que la rangée de trous dans lesquels avoit été engagée l'une des extrémités de chaque pièce de bois ; un des soldats les plus hardis s'offre à mettre les deux pieds dans les deux premiers trous, puis à tendre une corde à hauteur d'homme, en marchant de cavité en cavité ; et lorsqu'il est parvenu à fixer la corde jusqu'à l'autre extrémité de l'intervalle entièrement vide au-dessus de l'abîme, c'est le général Béthencourt qui donne l'exemple de passer ainsi suspendu par le bras à une corde même très-peu forte, et c'est ainsi que près de mille Français ont franchi un intervalle d'environ dix toises, chargés de leurs armes, chargés de leurs sacs. On les avoit vus se servir de leurs baïonnettes, employer des crochets pour pouvoir gravir des montagnes dont l'escarpement sembloit avoir banni à jamais les humains. Je crois vous les présenter ici, citoyen général, luttant contre les plus affreux périls, dans une attitude nouvelle, suspendus entre le ciel et le plus effroyable abîme, par l'unique espoir de vaincre, par l'unique envie de vous obéir.

Si quelque chose peut aider à concevoir quel a été le péril des hommes, c'est le sort des chiens. Cinq seulement suivoient la colonne. L'amour de leurs maîtres ne leur a pas permis ici, plus qu'ailleurs, de s'en séparer. Ces animaux, dont l'histoire offre tant d'actions de morale et de courage plus ou moins touchantes, après avoir vu partir leurs maîtres pour placer leurs pieds dans des trous où des pieds d'hommes pouvoient seulement entrer, après les avoir vus suspendus à la corde que des mains d'hommes seules pouvoient encore saisir, se précipitent dans le gouffre comme d'un commun accord; trois sont à l'instant entraînés pour jamais dans les flots du torrent qui couloit au fond du précipice, mais deux sont assez vigoureux pour lutter contre le torrent, pour se tirer de ses eaux écumantes, pour triompher des rochers à pic qui les séparoient du chemin redevenu praticable, pour arriver, enfin, moins mouillés encore que meurtris, jusqu'aux pieds de leurs maîtres.

N° II.

On auroit peine à croire à quel degré de misère les prisonniers de guerre ont été réduits. Le *transport-office* parut suivre avec constance un système d'assassinat et de cruauté. Sur six mille hommes détenus à Normancross, quatre mille moururent d'inanition et de mauvais traitemens en peu de mois. Au défaut de vivres se joignoit, pour aggraver le mal, leur qualité détériorée et malfaisante. On ne donnoit que du biscuit mangé de vers, du poisson, des viandes salées, infectes ; quelquefois un pain noir et mal cuit, et pour légumes des haricots qui ne pouvoient cuire. Des centaines d'hommes tomboient morts chaque jour de faim ou empoisonnés par les vivres. La plupart étoient devenus si foibles, qu'ils ne digéroient plus ; et, ce qui est horrible à dire, et cependant de la plus exacte vérité, c'est que des malheureux affamés alloient rechercher dans les excrémens de leurs compagnons de souffrance des haricots non digérés, et les mangeoient après les avoir soumis à un léger lavage. D'autres attendoient l'instant où, immédiatement après avoir mangé, les estomacs affoiblis qui ne pouvoient plus supporter aucune espèce de nourriture les rendissent, pour s'en nourrir à leur tour. La faim ne connoissoit plus rien. Lord Cardower, colonel du régiment de milice de Cormarton, de garde à la prison de Portchester, étant entré un jour dans l'intérieur avec son cheval, qu'il attacha à une des barrières, en dix minutes le cheval fut tué, dépecé et mangé; et, lorsque milord revint pour reprendre son cheval, ne trouvant plus à la place que la selle et la bride, après quelques recherches, on l'informa du fait; il refusa de le croire, et dit qu'il n'y ajouteroit foi que quand on lui feroit voir les débris de l'animal. Il fut facile de le satisfaire : on le conduisit au lieu où étoient la peau et les entrailles, et un misérable affamé acheva de dévorer en sa présence la dernière pièce de viande crue qui restoit du cheval de milord. Un énorme chien de boucher avoit eu, quelques jours auparavant, le même sort dans la même prison.

N° III.

En France, les prisonniers anglais avoient tous les genres d'amusement qui leur convenoient, sans que jamais l'autorité intervînt pour les leur interdire : courses de cheval, réunions de table, tout leur étoit permis ; ils pouvoient louer, à des prix modérés, des maisons de campagne, avec la permission des autorités, à des distances illimitées des grandes villes, lieux de leur cantonnement.

En Angleterre, les prisonniers français ayant voulu se livrer, dans plusieurs dépôts, à leurs goûts pour les arts, former des concerts entre eux, élever de petits théâtres, les instructions sévères du *transport-office* sont venues leur ordonner de fermer les lieux de leurs assemblées, et le prétexte donné a été que les assemblées où les habitans du pays étoient admis, formoient des liaisons entre les deux nations, et corrompoient les mœurs. Les réunions maçonniques même avoient été interdites.

Le prisonnier devoit habiter l'intérieur du village où il étoit détenu, et comme on s'inquiétoit peu que le nombre fût proportionné à l'étendue du village, ils ne pouvoient obtenir pour quatre personnes une misérable chambre qu'à des prix exagérés, dans une famille de la dernière classe du peuple. Ces prix étoient tellement élevés, qu'il est arrivé plus d'une fois qu'une année de loyer a payé le capital de la maison.

En France, les prisonniers anglais sur parole avoient six milles anglais à parcourir dans tous les sens, et sur toutes les routes, des villes qui leur étoient assignées. Si ces villes étoient fermées, ils étoient, comme tous les citoyens, assujétis à rentrer avant la fermeture des portes; il leur étoit défendu de coucher hors de la ville, ou de passer les six milles sans la permission du commandant de la place ou du chef de la gendarmerie, à la police duquel ils étoient soumis, et qui ne le leur refusoit presque jamais. Rentrés dans la ville, ils pouvoient, la nuit, aller où il leur plaisoit, se trouver à toutes les assemblées, tous les spectacles, toutes les fêtes; enfin ils n'étoient soumis qu'à la police ordinaire du lieu.

En Angleterre, les prisonniers sur parole ne pouvoient jamais sortir de la maison avant six heures du matin, dans toutes les saisons, et la rentrée étoit calculée de manière à ce qu'ils fussent toujours chez eux avant le coucher du soleil. Ils n'avoient qu'un mille de liberté hors du village où ils étoient détenus, c'est-à-dire un sixième de ce que les prisonniers avoient en France ; et ce mille, ils ne pouvoient le parcourir que sur la grande route, sans pouvoir entrer dans aucun champ, ni chemin de traverse : aucune autorité ne pouvoit adoucir la rigueur de ce règlement, si ce n'étoit le *transport-office*, qui s'y refusoit toujours. Toutes les fois qu'il s'y commettoit la plus légère infraction, les habitans étoient autorisés à courir sur le prisonnier comme sur une bête fauve ; et, pour que l'invitation ne fût pas sans effet, une récompense d'une guinée étoit promise à qui arrêteroit le délinquant.

Les guet-apens que ce règlement a fait commettre sont incalculables. Je n'exagère point quand j'avance que près de deux mille prisonniers ont été assommés dans le commencement, ou meurtris de coups en rentrant chez eux après l'heure sonnée, ou en passant d'une grande route à une autre par un chemin de traverse, sans avoir jamais osé porter plainte, parce qu'ils se croyoient en faute. Entre autres faits, je citerai le suivant, dont je puis garantir l'authenticité.

A Bishop-Watham, trois prisonniers traversoient en plein jour un de ces chemins de piétons si communs en Angleterre, lequel coupoit un champ, et communiquoit à leur route à moins d'un demi-mille de leur résidence. Cette transgression déplut à un paysan qui coupoit une haie, il courut après eux une serpe à la main : leur premier mouvement fut de fuir. Cependant, un d'eux ne pouvant courir, fut bientôt atteint par le paysan qui, sans aucune explication, le frappa de deux coups de serpe à la tête, et l'abattit à ses pieds. Celui qui étoit éloigné, accourut aux cris de son camarade, non pas pour le défendre, aucun d'eux n'avoit même de bâton, mais pour le relever ; il éprouva le même traitement, et eut trois doigts coupés. Le troisième revint aussi sur ses pas, attiré par les cris des deux autres, il eut à son tour le bras coupé. Tous trois sont demeurés estropiés. Les journaux anglais ont rendu compte de ce fait, et tous ont terminé leur récit par cette réflexion lâchement barbare : *Le champ que parcouroient les prisonniers français étoit un champ de navets; le paysan supposoit qu'ils en convoitoient quelques uns pour leur souper; ils doivent accuser leur imprudence.*

Mais faut-il s'étonner que la canaille anglaise insulte les prisonniers, quand les grands leur donnent l'exemple? Lord Castlereagh, déjà si connu par ses diatribes contre les Français, n'a pas rougi d'insulter à des ennemis sans défense, et il a dit dans la chambre des communes, *qu'il étoit certainement bien triste de voir le décroissement de morale parmi les Français, dans tous les pays, si différens des sentimens honorables qui les animoient autrefois.*

Je fus moi-même en butte à la barbarie d'un gentleman anglais auquel j'étois absolument étranger. Je me promenois seul sur une des grandes routes d'Ashburn : à environ un tiers de mille de la ville, un homme à cheval court sur moi au grand galop ; il étoit environ quatre heures de l'après-midi, c'étoit un jour de foire : je l'entends, et cherche à l'éviter ; il me poursuit, et me crie : *Does my mare break her wind?* ce qui signifie : Ma jument est-elle poussive? Il levoit sur moi un bâton pour me faire répondre. « Je n'en puis pas juger, » c'est tout ce que je puis lui dire. Je me serre contre la haie ; un coup de bâton m'atteint, je suis renversé par le cheval qui me passe sur le corps sans me blesser. Plusieurs personnes qui étoient sur la route accoururent à mon secours. Un petit barbier qui se trouvoit là dit au brutal : « Pourquoi assaillez-vous ce Monsieur ? c'est un général français. » — « Dieu damne le général, je sais que c'est un Français ; je suis fâché que mon cheval n'ait pas brisé sa tête en morceaux », fut la réplique de ce brutal. Un particulier de Beresfort passoit à cheval comme on me relevoit ; et, au moment où l'on m'arrachoit aux poursuites de l'assassin qui poussoit encore son cheval pour me le faire passer sur le corps, il vint à moi, et me délivra. « Cet homme est un ivrogne, » me dit-il. Je voulus me plaindre, il m'engagea à ne pas donner de suite à cette affaire ; je cédai, parce que je n'eusse rien gagné à faire autrement. On eut la bonté de me savoir gré de ma modération. Cependant, j'entendis une personne de la foule dire assez haut que j'avois été imprudent d'aller me promener sur une grande route un jour de foire, et que si j'avois été tué, c'eût été un ennemi de moins. (*Note communiquée par l'adjudant P.....*).

N° IV.

« Ce pauvre Français auroit besoin d'une double paye , disoit une garde-malade au médecin Roux, en parlant d'un jeune aspirant qu'elle gardoit. « La double paye! reprit le brutal chirurgien, il sera temps huit jours avant sa mort: l'argent que j'aurai épargné à notre gouvernement servira à payer son cercueil;

tous les Français meurent si gueux, qu'il faut que le *transport-office* paie les frais de leur enterrement. »

« Donnez la double paye à ce malade, disoit une autre femme aussi sa gardienne, au même chirurgien; un peu de vin lui feroit grand bien, lui redonneroit des forces. » — « Comment, des forces! bonne femme, dit l'impitoyable Esculape; vous ne savez donc pas que les Français sont nos ennemis, et que nous ne donnons et ne devons pas leur redonner des forces? » Ces anecdotes sont publiques dans tout Ashburn, et je les ai entendu raconter cent fois par mes camarades.

N° V.

Les détails dans lesquels le *transport-office* et ses agens descendoient pour nous rendre un objet de mépris et de haine auprès de ses compatriotes, sont infinis. Avions-nous un ami qui eût quelque crédit, et d'un rang élevé, si on ne le repoussoit pas dès la première fois qu'il parloit, la seconde on lui débitoit mille calomnies telles, qu'il croyoit avoir à rougir de nous. Si cet ami avoit peu d'influence, on y mettoit moins de cérémonies : dès la première fois, on lui faisoit entendre qu'il s'entremettoit pour un homme sans mœurs, et suspect au gouvernement. On alloit même jusqu'à l'effrayer pour sa sécurité personnelle, en entretenant des liaisons avec un étranger dangereux. C'étoit ainsi qu'on nous privoit de toute espèce de secours, et que partout nous étions repoussés en Angleterre, tandis qu'au contraire les amis que nous avions en France unissoient tous leurs efforts, employoient tout leur crédit pour obtenir quelques faveurs aux prisonniers anglais, dans l'espérance que nous trouverions une juste réciprocité de la part des Anglais.

La liberté de la presse ne servoit aussi qu'à exciter le peuple anglais contre nous, par les articles de la contexture la plus dégoûtante dont les feuilles anglaises étoient journellement remplies, et qui poussoient la canaille aux injures, à l'assassinat envers les prisonniers français, sans qu'il fût possible d'obtenir justice.

La lettre suivante, adressée au conseil de régence par des officiers français faits prisonniers en Espagne, et conduits en Angleterre, contre la teneur d'une capitulation, fera encore mieux apprécier toute l'injustice des procédés des Anglais envers nous.

Copie de la lettre écrite au Conseil de Régence, en réponse à son ordre du 6 mars 1810, *en vertu duquel la fuite d'un prisonnier sera punie sur deux des prisonniers, qui devront être pendus à sa place, en cas que le fugitif ne soit pas rattrapé.*

« Nous ne pouvons trouver d'expres-
» sions, Messieurs, pour vous peindre

» notre étonnement à la réception de » l'ordre que vous nous avez fait l'hon» neur de nous adresser. Nous avons » été obligés de le relire à plusieurs » reprises pour nous persuader qu'il » fût possible que les personnes appar» tenant à une nation qui se dit civilisée » puissent faire des menaces aussi bar» bares que celles contenues dans ledit » ordre, et surtout les adresser à des » officiers. C'est un oubli de toutes con» venances, de tous sentimens d'hon» neur auquel nous n'étions pas pré» parés, même par les mauvais traite» mens et les humiliations sans nombre » dont la nation espagnole nous a abreu» vés jusqu'à ce jour.

» Vous nous rendez responsables,

» Messieurs, du départ de nos cama-
» rades; ce ne sont donc plus ceux aux-
» quels est confié le soin de la garde
» des prisonniers qui doivent en ré-
» pondre, ce sont les prisonniers eux-
» mêmes qui doivent les garder, et sous
» peine d'être pendus! Quel renverse-
» ment de tous les principes reçus jus-
» qu'à ce jour chez les peuples policés!

» Est-ce ainsi que l'on parle à des
» militaires qui ne sont prisonniers que
» par la violation du droit des gens?
» c'est un fait qui ne peut être ignoré
» de M. le président du conseil.

» Quelle nation peut offrir l'exemple
» d'une pareille injustice? Les peuples
» que vous nommez barbares, qui ne
» font pas de prisonniers, mais des

» esclaves, ne se sont pas encore avisés
» de punir sur ceux qui restent entre
» leurs mains la fuite de ceux qui échap-
» pent à leur surveillance.

» Depuis quand a-t-on pu penser
» que l'attachement à la vie nous avili-
» roit assez pour nous engager à être
» nos propres dénonciateurs? Vous avez
» sans doute oublié que vous parlez à
» des militaires qui, dans plus d'une
» circonstance, ont prouvé qu'ils ne
» craignoient pas la mort? S'il s'en trou-
» voit quelques uns parmi nous qui
» manquassent assez d'expérience dans
» le métier des armes pour ne pas avoir
» acquis l'habitude de l'envisager de
» sang-froid dans les combats, ils ont
» ont eu le temps, depuis qu'ils sont

» entre vos mains, de se familiariser avec » une image dont vous leur mettez journellement le tableau sous les yeux.

» Messieurs, vous connoissez bien » peu le caractère de notre nation, si » vous n'avez pas prévu que des mesures » aussi avilissantes, loin de diminuer » en nous le désir de vous fuir, doivent, » au contraire, ajouter à celui que nous » éprouvons de rejoindre nos frères » d'armes, celui plus puissant, s'il est » possible, de nous éloigner d'un peuple » capable d'exercer des cruautés aussi » inouïes.

» Vous voulez, Messieurs, nous n'en » pouvons douter, nous réduire au dé» sespoir; mais nous jurons tous que, » quel que soit le sort que vous nous

» réserviez, nous le subirons avec la no-
» blesse qui convient à la grande nation
» à laquelle nous avons l'honneur d'ap-
» partenir. Nous préférons la mort à
» l'ignominie, et nous la subirons, quand
» il en sera temps, de manière à laisser
» après nous un exemple de courage et
» de sang-froid, comme vous en laissez
» un d'injustice et de cruauté. »

Le capitaine de M..... fit, sur le mot *Ponton*, un acrostiche que nous donnons ici :

Pour unir dans un lieu des maux tout l'assemblage,
On dit que Satan même, en sa puissante rage,
N'ayant pas pu trouver de digne invention,
Ta féconde fureur, cruel *transport-office*,
Osa l'exécuter; et ta froide malice,
Ne pouvant faire plus, enfanta le *Ponton*.

N° VI.

Le major Napier, fait prisonnier à la Corogne, avoit été généreusement renvoyé à sa famille et à ses amis par M. le maréchal Ney, après avoir été soigné de ses blessures dans la propre maison du maréchal, et par son médecin. Il vint voir un jour à bord du ponton l'adjudant P....., qui étoit détenu contre toute justice, et lui dit : « J'ai été traité par M. le maréchal Ney et par tous les officiers français avec tant de bonté, tant de cordialité; mes camarades de tout rang ont tant à se louer de l'accueil qu'ils reçoivent dans votre patrie, que je rougis pour la mienne qu'on vous remette entre les mains d'un bureau (le *transport-office*) qui vous traite aussi mal. »

Cette opinion que manifestoit le major, est celle de tous les militaires de terre en Angleterre; elle est même partagée par tous les hommes bien nés et ceux d'un haut rang; mais personne n'avoit le courage de demander le changement des dispositions relatives aux prisonniers français. Le major Napier étoit parfaitement rétabli de ses blessures par les soins qu'on avoit pris de lui; il avoit été renvoyé dans son pays sans qu'il y eût aucun droit, et l'adjudant P... étoit gardé prisonnier contre les stipulations expresses d'un traité qu'on violoit sans pudeur. Ces circonstances lui valurent la protection du major, qui lui offrit ses services : il obtint par son intercession de ne pas être détenu sur les pontons de Chatam. Il fut transféré à Norman-Cross, où, par les soins de son digne ami, il fut traité avec quelques égards.

NOTICE

SUR LE MONT SAINT-BERNARD, ET SUR LE PASSAGE DES ALPES PAR ANNIBAL, etc.

Les avalanches dont il est parlé dans le tome premier n'étoient que partielles, et offroient peu de danger en cette saison; mais, à l'époque de la fonte des neiges, la chute subite des masses qui couvrent le sommet des montagnes produit des accidens funestes.

Ces phénomènes des Alpes ont principalement lieu au moment où la neige commence à s'échauffer par les rayons

4..

du soleil, ou à s'amollir par lés pluies. La cause la plus légère les fait naître : une petite boule de neige se détache d'abord, elle grossit, et devient un torrent qui parcourt avec rapidité les pentes escarpées des montagnes, et engloutit tout ce qui se trouve sur son passage. Quand le mal a fait des progrès aussi effrayans, il n'est plus temps de l'éviter, et encore moins d'en interrompre le cours : tout ce que l'on peut faire, c'est, avant de se hasarder dans ces montagnes, de déterminer la chute d'une petite avalanche, au moyen de l'explosion d'un coup de fusil. Alors toute la neige qui étoit prête à tomber se détache des flancs des montagnes, et l'on n'a point à craindre la chute du reste.

Quand on a négligé cette précaution, et que l'avalanche est considérable, les voyageurs et leurs guides sont fréquemment ensevelis sous des monceaux de neige. Un de nos plus grands poëtes, Jacques Delille, a peint avec énergie le tableau de ces désastres ; qu'il nous soit permis de copier ce passage des *Géorgiques françaises :*

Malheureux cependant les mortels téméraires
Qui viennent visiter ces horreurs solitaires,
Si, par un bruit prudent, de tous ces noirs frimas
Leurs tubes enflammés n'interrogent l'amas!

Souvent, sur ces hauteurs, l'oiseau qui se repose
Détache un grain de neige. A ce léger fardeau
Des grains dont il s'accroît se joint le poids nouveau.
La neige autour de lui rapidement s'amasse ;
De moment en moment il augmente sa masse ;

L'air en tremble, et soudain, s'écroulant à la fois,
Des hivers entassés l'épouvantable poids
Bondit de roc en roc, roule de cime en cime,
Et de sa chute immense ébranle au loin l'abîme;
Les hameaux sont détruits et les bois emportés;
On cherche en vain la place où furent les cités,
Et sous le vent lointain de ces Alpes qui tombent,
Avant d'être frappés, les voyageurs succombent.

Le mont Saint-Bernard, élevé de 1174 toises au-dessus du niveau de la mer, s'appeloit jadis le *Mont-Joux*, c'est-à-dire la montagne de Jupiter, par corruption des mots latins *Mons Jovis*. Son nom moderne vient du vertueux cénobite Bernard de Menthon, archidiacre d'Aoste; c'est à lui qu'est due la fondation d'un monastère qui a trouvé grâce devant la philosophie du siècle: il est habité par les pieux cénobites dont l'auteur a parlé dans le tome premier, comme ayant rendu d'immenses services à l'armée française. La reconnoissance des peuples modernes a substitué le nom de ce saint ermite à celui du père des dieux.

Les païens avoient coutume de donner à leur Jupiter différens surnoms, suivant les objets particuliers confiés à sa protection spéciale. Le Jupiter du Mont-Joux s'appeloit *Penninus*, c'est pourquoi on nommoit cette partie des montagnes les Alpes-Pennines. La statue représentoit un dieu dans la force de l'âge et rayonnant de beauté; ses attributs étoient plutôt ceux de l'Apollon que du maître de l'Olympe. On lisoit sur le piédestal cette inscription, qui retraçoit à la fois le nom de la divinité et celui du gouverneur romain qui lui avoit rendu hommage :

LUCIUS LUCILIUS
DEO PENNINO
OPTIMO
MAXIMO
DONUM DEDIT.

Saint Bernard renversa l'idole, et fonda le premier en ces déserts le culte du vrai Dieu.

Quelques auteurs prétendent qu'Annibal franchit les Alpes dans cet endroit ; il est plus vraisemblable que c'est du côté du Mont-Genèvre ; mais

César et une partie de l'armée de Charlemagne y passèrent.

César entretenoit dans les Alpes-Pennines un corps de troupes destiné à protéger le passage de ces montagnes, infestées de brigands qui assassinoient ou au moins rançonnoient les voyageurs.

Les soldats de Charlemagne n'étoient point embarrassés dans leur marche comme les Carthaginois par des éléphans chargés de tours et dressés à la guerre, ni comme les héros modernes par des convois d'artillerie; mais ils avoient à lutter contre un autre genre de difficulté non moins redoutable, les préjugés du temps. Quelques soldats mal affermis sur un sentier étroit étoient-ils précipités dans les abîmes, les avalanches engloutissoient-elles des escadrons entiers, on se gardoit bien d'attribuer de tels accidens à des causes naturelles, on ne manquoit pas d'y voir l'influence des mauvais génies. Comme on alloit faire la guerre aux ennemis de l'Eglise, on trouvoit dans l'ordre que les diables, fidèles alliés de ses adversaires, suscitassent des embarras à ceux qui alloient les combattre. On croit même que Bernard de Menthon et ses compagnons, en fondant un hospice dans ces affreuses contrées, furent moins déterminés par le désir de procurer aux passans des secours temporels, que par l'intention d'exorciser les mauvais esprits qui infestoient ces déserts. On lit en effet dans les historiens du temps que saint Bernard, étant allé sur le mont consacré à Jupiter, en chassa un grand nombre de démons qui tourmentoient les habitans et les voyageurs.

Les cénobites modernes ont associé à leur pénible vigilance dans la garde de ces montagnes un certain nombre de chiens doués d'un instinct merveilleux. Ces animaux sont dressés à errer dans les lieux les moins accessibles jusqu'à ce qu'ils y aient découvert les traces de voyageurs égarés. Si l'homme est vivant, le chien le rassure par ses caresses, et, dans tous les cas, il retourne précipitamment vers les religieux, qu'il attire par ses aboiemens jusqu'à l'endroit où gît le corps de l'infortuné : on le retire du précipice, et si l'on parvient à le rappeler à la vie, il est transporté à l'hôpital, où l'on prend soin de lui jusqu'à ce qu'il se trouve en état de continuer sa route.

Nous n'entrerons pas ici dans l'examen de la question de savoir si, comme le prétendent les anciens historiens, Annibal se servit en effet de vinaigre bouillant pour faire éclater ou rendre friables les rochers qui barroient le passage à son armée et aux éléphans qu'elle traînoit à sa suite. Nous nous bornerons à dire, d'après l'auteur d'un *Voyage en Piémont*, qui parut en 1803, qu'on montre sur le chemin de Donax une route taillée dans le roc vif avec tant d'art, que la pierre semble s'être divisée sans efforts et aussi aisément que l'on coupe les matières les plus tendres. Cette apparence justifie, selon quelques uns, le vers énergique dans lequel Juvénal a résumé en quelque sorte les merveilleux récits de Plutarque, Tite-Live, et Ammien Marcellin :

Diduxit scopulos et montem fregit aceto.

Voltaire lui-même, Voltaire qui a montré tant de scepticisme en histoire, n'est pas éloigné de croire à la possibilité du fait. Il raconte qu'il en a tenté l'expérience pendant son séjour à Ferney, et qu'ayant fait tremper dans du vinaigre bouillant quelques éclats de pierre provenant des Alpes, il a vu ces petites masses se réduire sur-le-champ en poudre.

Cette expérience doit réussir sans doute sur la pierre calcaire; mais il auroit fallu la faire sur le granit, qui n'est point susceptible de fermentation avec les acides, et surtout avec un réactif aussi foible que le vinaigre; que l'on songe d'ailleurs à l'effrayante quantité de liquide et de combustible dont Annibal auroit été obligé de faire provision!

Au surplus, dans ces contrées, tout est plein des souvenirs d'Annibal; de même que, dans la campagne de Rome, les guides, pour satisfaire l'empressement des voyageurs, leur offrent partout de prétendus vestiges de l'habitation du prince des orateurs, et se sont acquis, par là, le sobriquet de *Cicerone;* de même, dans les Alpes, il n'est point de chemin qu'on ne prétende avoir reçu l'empreinte des pas du héros Carthaginois. Par exemple, il existe du côté du Mont-Genèvre, dans les Alpes, dites Cottiennes, un petit village qu'on appelle *Giavenne;* il est tout simple de regarder ce nom comme un dérivé de *Giovani*, ou de *Giavenna* qui, en italien, signifient *Jean* et *Jeanne*. Hé bien! les historiens du Piémont ne sont pas satisfaits d'une étymologie aussi vulgaire; le nom de Giavenne, selon eux, vient de ce qu'Annibal, parvenu après tant d'obstacles sur le penchant des vallées, se seroit écrié : M'y voici enfin! *jam veni!* On ne prend pas garde qu'Annibal, à la tête de son armée, ne devoit point parler latin, mais sa langue maternelle; et l'on peut juger, d'après un passage de Plaute, que l'idiome carthaginois différoit beaucoup de celui des Romains.

Nous terminons cette notice en disant quelques mots sur la manière dont les voyageurs descendoient fréquemment les Alpes, lorsque les routes du Mont-Cenis et du Simplon n'étoient pas encore ouvertes aux spéculations du commerce, et à la curiosité des voyageurs qui vont visiter les monumens de l'Italie.

Pour gravir les hauteurs, on se faisoit porter par un certain nombre d'hommes, sur des brancards, et l'on étoit obligé de faire démonter ses voitures pour les transporter de la même manière. En descendant, on se plaçoit sur une espèce de traîneau grossier, formé d'une ou deux planches, et on se laissoit glisser du haut de la montagne en bas, sous la direction d'un petit Savoyard qui, un bâton ferré à la main, conduisoit ce fragile chariot.

Il n'étoit pas rare qu'une culbute fatale ne renversât et la voiture et le voyageur, et le guide. Si l'on tomboit sur quelque souche d'arbre, ou sur quelque fragment de rocher, le choc pouvoit devenir dangereux; mais l'adresse des guides consistoit à éviter ces achoppemens; le plus souvent on versoit sur la neige, et en une minute tout étoit réparé.

C'est cette manière de franchir les Alpes que l'on a depuis long-temps imitée à Pétersbourg, en élevant, soit sur la glace de la Newa, soit dans les jardins impériaux, des montagnes de charpente artificielle. On sait aussi quelle fut, au moins pendant un certain temps, la vogue des *montagnes russes*, introduites dans la capitale de la France.

NOTICE

SUR LE GÉNÉRAL NOIR

TOUSSAINT-LOUVERTURE.

Mes lecteurs ne me sauront peut-être pas mauvais gré de leur donner ici quelques détails sur le personnage célèbre que l'armée du général Leclerc eut à combattre.

Toussaint-Louverture, dont l'élévation fut si subite et si extraordinaire, à une époque féconde cependant, en élévations de tous genres, étoit né esclave, en 1745, sur l'habitation de Bréda, appartenant à M. le comte de Noé, à peu de distance du Cap-Français, et dans la partie septentrionale de Saint-Domingue; ses premières occupations furent de garder des troupeaux; et il profita des loisirs que lui laissoit un tel emploi pour apprendre à lire et à écrire.

Ses heureuses dispositions le firent remarquer du gérant de l'habitation, M. Bayou de Libertas, qui le prit pour cocher, et le combla de bienfaits. Le jeune Toussaint se maria à l'âge de vingt-cinq ans; mais il étoit toujours esclave, et paroissoit satisfait de sa condition. Quoiqu'il lût avec avidité l'*Histoire* de Raynal et d'autres ouvrages bien propres à faire germer dans la tête d'un homme de sa condition et de sa couleur, des idées désordonnées de liberté, il paroissoit n'avoir aucune ambition : aussi il ne prit aucune part aux premiers troubles qui agitèrent la colonie. Cependant, comme il étoit lié avec les chefs les plus féroces des insurgés, notamment avec Bouckman, Biassou, et le trop fameux Jean-François, on a pensé qu'il n'avoit attendu, pour lever le masque dont il couvroit ses projets, que le moment où il verroit le parti des Noirs assez fort pour ne plus craindre d'être châtié de sa rébellion.

En effet, lorsque l'incendie de la révolte eut gagné de tous côtés, Toussaint-Louverture disparut tout à coup de la maison de ses maîtres, et alla joindre Biassou dans son camp; mais il n'oublia pas la reconnoissance envers son bienfaiteur ; il ne négligea aucune précaution pour sauver les jours de M. Libertas, et ne fut heureux que lorsqu'il lui eut procuré les moyens de se réfugier sur le continent d'Amérique. On assure qu'il lui envoyoit tous les mois une somme de 300 dollars, plus de 1,500 francs.

Toussaint-Louverture ne montra pas la même noblesse de caractère à l'égard de Biassou qui l'avoit fait capitaine de ses gardes ; il se mit, au contraire, du parti de ses ennemis, lorsque la mésintelligence commença à éclater parmi les chefs noirs ; voici comment il exécuta son odieuse trahison.

Biassou, par ses atrocités, s'étoit rendu exécrable aux gens même de sa couleur. Jean-François s'étoit concerté avec Toussaint pour s'emparer de sa personne dans un moment où Biassou, confiant dans la surveillance du chef de sa garde, dormoit tranquillement dans sa tente, Jean-François s'avança à la tête de huit à neuf mille Noirs armés. Dès que Biassou en fut informé, il ordonna à Toussaint de tout préparer pour une résistance désespérée ; quelle fut sa surprise de voir Toussaint se précipiter sur lui, le désarmer et le livrer à ses ennemis ! On conduisit Biassou dans la prison de Saint-Augustin où la rage et le désespoir, et peut-être la violence, eurent bientôt terminé ses jours. Pour récompense de sa perfidie, Toussaint reçut le commandement d'une division. Il paroît que les liaisons qu'il eut avec l'infâme Dessalines changèrent son caractère, et le disposèrent au forfait atrocement conçu et combiné avec perfidie, que nous allons raconter :

Les Espagnols, en guerre contre la France, offrirent aux Nègres révoltés de les recevoir sous leurs drapeaux; Jean-François et Toussaint agréèrent cette proposition; Toussaint fut élevé au grade de maréchal de camp, et son chef eut le grade de lieutenant général. Ainsi ces deux hommes, sous la protection d'une puissance ennemie qui, plus tard, devoit expier chèrement cette faute, furent les premiers nègres esclaves que l'on vit chamarrés de cordons, de croix et d'autres marques distinctives bien incompatibles avec les maximes de liberté et d'égalité qu'ils professoient. Pour mieux prouver leur dévouement et leur reconnoissance au gouvernement espagnol, ils commirent une si effroyable suite de massacres, et avec des circonstances d'une barbarie si raffinée, que nous n'entreprendrons pas de décrire tant d'horreurs.

Dès que Toussaint vit que l'Espagne, malheureuse dans sa guerre contre la France, seroit bientôt réduite à demander la paix, et qu'une des conditions seroit nécessairement la cession de la partie espagnole de Saint-Domingue, il résolut de se réconcilier avec la France, et crut devoir offrir des gages non équivoques, mais horribles de sa rupture avec les Espagnols.

Le 25 juin 1794, Toussaint, qui occupoit le quartier dit de la Marmelade, sous les ordres du marquis d'Hermona, se rendit à l'église, où il communia avec un sang-froid et une apparence de dévotion extraordinaires. Au sortir de l'église Toussaint monta à cheval, et fit entourer et égorger, par ses Nègres affidés, tous les Espagnols qui se trouvoient sous son commandement à lui-même. Tous les habitans de la Marmelade, sans distinction d'âge ni de sexe, furent massacrés ou dispersés; les mêmes atrocités s'exécutèrent dans d'autres quartiers conquis récemment sur les Français par les Espagnols.

Toussaint, ne doutant plus qu'un pareil carnage ne convainquît les Français de la sincérité de sa démarche, se rendit, avec ses troupes noires, auprès du général Laveaux, au Port-au-Prince, et prêta serment de fidélité à la république. Quelque temps après, il se souleva contre son nouveau chef, et marcha à la tête d'insurgés contre la ville du Cap, qui auroit été livrée au pillage si elle ne se fût empressée de lui ouvrir ses portes. Laveaux, qu'il avoit fait mettre en prison, ne tarda pas à lui devoir sa liberté, et se laissa tellement séduire par ses artifices, qu'il regarda la conduite de Toussaint comme justifiée par des circonstances impérieuses. Il fit son éloge en toute occasion, et annonça hautement qu'il le regardoit comme le Spartacus qui, selon Raynal, devoit un jour s'élever pour affranchir tous les Noirs, et venger la dignité d'hommes, qu'on outrageoit en eux depuis tant d'années.

Pour s'insinuer de plus en plus dans la confiance du gouvernement français, Toussaint fit une guerre active aux Anglais qui avoient exécuté un débarquement dans la colonie. Les commissaires du directoire lui conférèrent, en 1797, le commandement en chef des armées de Saint-Domingue. Il n'hésita pas à proposer, lui-même, pour otages, deux de ses fils qui furent envoyés en France et élevés au Prytanée français.

Avec toutes ces apparences de soumission, Toussaint-Louverture ne cessoit de travailler à son indépendance; il renvoya, sous divers prétextes, les commissaires du directoire, et gouverna la colonie sans être soumis à aucun contrôle. Les désastres de la guerre maritime, les malheurs même que les armées de terre commençoient à éprouver en Italie et en Allemagne secondèrent ses projets, et lorsqu'il vit Buonaparte s'emparer du souverain pouvoir, sous le titre de premier consul, il suivit son exemple, et publia une constitution en soixante-dix-sept articles, dont le vingt-huitième est évidemment calqué sur une disposition de la constitution de l'an VIII; il y est dit : « La constitution nomme gouverneur le citoyen Toussaint-Louverture, général en chef de l'armée de Saint-Domingue, et en considération des importans services que ce général a rendus à la colonie dans les circonstances les plus critiques de la révolution, et sur le vœu des habitans reconnoissans, les rênes lui en sont confiées pendant le reste de sa glorieuse vie. »

Ainsi, lorsque Buonaparte n'osoit encore usurper qu'un consulat décennal, il se faisoit nommer, par sa constitution, ou plutôt, se nommoit lui-même, chef indépendant de la colonie.

Cet acte, qu'il envoya en France, y arriva à l'époque où la victoire de Marengo venoit de changer totalement la face des choses, et où les préliminaires de la paix, entre la France et l'Angleterre, étoient déjà signés. On usa cependant, à son égard, de ménagemens, et l'envoi du général Leclerc, à Saint-Domingue, à la tête d'une armée, lui fut annoncé par une lettre même de Napoléon, que nous transcrivons ici comme une pièce peu connue. Nous la faisons suivre de la proclamation adressée aux colons, à la même époque, par le chef du gouvernement français.

Au citoyen Toussaint-Louverture, général en chef de l'armée de Saint-Domingue.

Citoyen général, la paix avec l'Angleterre et toutes les puissances de l'Europe, qui vient d'asseoir la république au premier degré de puissance et de grandeur, met à même le gouvernement de s'occuper de la colonie de Saint-Domingue. Nous envoyons le citoyen Leclerc, notre beau-frère, en qualité de capitaine-général. Comme premier magistrat de la colonie, il est accompagné de forces convenables pour faire respecter la souveraineté du peuple français. C'est dans ces circonstances que nous nous plaisons à espérer que vous allez nous prouver, et à la France entière, la sincérité des sentimens que vous avez constamment exprimés dans les différentes lettres que vous nous avez écrites. Nous avons conçu pour vous de l'estime, et nous nous plaisons à reconnoître et à proclamer les grands services que vous avez rendus au peuple français. Si son pavillon flotte sur Saint-Domingue, c'est à vous, et aux braves Noirs, qu'il le doit. Appelé par vos talens, et la force des circonstances, aux premiers commandemens, vous avez détruit la guerre civile, mis un frein à la persécution de quelques hommes féroces, remis en honneur la religion et le culte de Dieu, de qui tout émane. La constitution que vous avez faite, en renfermant beaucoup de bonnes choses, en contient qui sont contraires à la dignité et à la souveraineté du peuple français, dont Saint-Domingue ne forme qu'une portion.

Les circonstances où vous vous êtes trouvé, environné de tous côtés d'ennemis, sans que la métropole puisse, ni vous secourir, ni vous alimenter, ont rendu légitimes les articles de votre constitution qui pourroient ne pas l'être. Mais aujourd'hui que les circonstances sont si heureusement changées, vous serez le premier à rendre hommage à la souveraineté de la nation qui vous compte au nombre de ses plus illustres citoyens, par les services que vous lui avez rendus, et par les talens et la force de caractère dont la nature vous a doué. Une conduite contraire seroit inconciliable avec l'idée que nous avons conçue de vous. Elle vous feroit perdre vos droits nombreux à la reconnoissance et aux bienfaits de la république, et creuseroit sous vos pas un précipice qui, en vous engloutissant, pourroit contribuer au malheur de ces braves Noirs dont nous aimons le courage, et dont nous nous verrions avec peine obligés de punir la rébellion.

Nous avons fait connoître à vos enfans, et à leur précepteur, les sentimens qui nous animent. Nous vous les renvoyons.

Assistez de vos conseils, de votre influence et de vos talens le capitaine-général. Que pouvez-vous désirer ? la liberté des Noirs? Vous savez que dans tous les pays où nous avons été, nous l'avons donnée aux peuples qui ne l'avoient pas. De la considération, des honneurs, de la fortune ? Ce n'est pas, après les services que vous avez rendus, que vous pouvez rendre encore dans cette circonstance, avec les sentimens particuliers que nous avons pour vous, que vous devez être incertain sur votre considération, votre fortune, et les honneurs qui vous attendent.

Faites connoître aux peuples de Saint-Domingue que la sollicitude que la France a toujours portée à leur bonheur, a été souvent impuissante par les circonstances impérieuses de la guerre; que les hommes venus du continent pour l'agiter et alimenter les factions, étoient le produit des factions, qui, elles-mêmes, déchiroient la patrie; que désormais la paix, et la force du gouvernement, assurent leur prospérité et leur liberté. Dites-leur que si la liberté est pour eux le premier des biens, ils ne peuvent en jouir qu'avec le titre de citoyens français, et que tout acte contraire aux intérêts de la patrie, à l'obéissance qu'ils doivent au gouvernement, et au capitaine - général, qui en est délégué, seroit un crime contre la souveraineté nationale, qui éclipseroit leurs services, et rendroit Saint-Domingue le théâtre d'une guerre malheureuse, où des pères et des enfans s'entr'égorgeroient.

Et vous, général, songez que si vous êtes le premier de votre couleur qui soit arrivé à une grande puissance, et qui se soit distingué par sa bravoure et ses talens militaires, vous êtes aussi devant Dieu et nous, le principal responsable de leur conduite.

S'il étoit des malveillans qui disent

aux individus qui ont joué le principal rôle dans les troubles de Saint-Domingue, que nous venons pour rechercher ce qu'ils ont fait pendant les temps d'anarchie, assurez-les que nous ne nous informerons que de leur conduite dans cette dernière circonstance, et que nous ne rechercherons le passé que pour connoître les traits qui les auroient distingués dans la guerre qu'ils ont soutenue contre les Espagnols et les Anglais, qui ont été nos ennemis.

Comptez sans réserve sur notre estime, et conduisez-vous comme doit le faire un des principaux citoyens de la plus grande nation du monde.

Le premier consul.

Signé, BONAPARTE.

Proclamation du premier Consul aux habitans de Saint-Domingue.

Habitans de Saint-Domingue! quelles que soient votre origine et votre couleur, vous êtes tous Français, vous êtes tous libres, et tous égaux devant Dieu et devant la république.

La France a été comme Saint-Domingue en proie aux factions, et déchirée par la guerre civile, et par la guerre étrangère. Mais tout a changé. Tous les peuples ont embrassé les Français, et leur ont juré la paix et l'amitié. Tous les Français se sont embrassés aussi, et ont juré d'être tous des amis et des frères. Venez aussi embrasser les Français, et vous réjouir de revoir vos amis et vos frères d'Europe.

Le gouvernement vous envoie le capitaine-général Leclerc; il amène avec lui de grandes forces pour vous protéger contre vos ennemis, et contre les ennemis de la république. Si on vous dit : *Ces forces sont destinées à vous ravir votre liberté*, répondez : *La république ne souffrira pas qu'elle nous soit enlevée.*

Ralliez-vous autour du capitaine-général; il vous rapporte l'abondance et la paix; ralliez-vous tous autour de lui. Qui osera se séparer du capitaine-général, sera un traître à la patrie, et la colère de la république le dévorera comme le feu dévore vos cannes desséchées.

Donné à Paris, au palais du gouvernement, le 17 brumaire an X de la république française.

Le premier consul.

Signé, BONAPARTE.

La flotte de l'expédition de Saint-Domingue, commandée par l'amiral Villaret, étoit forte de onze vaisseaux de ligne français, et de cinq vaisseaux de guerre espagnols. De nombreux transports contenoient quarante mille hommes de troupes de débarquement, sous les ordres du général Leclerc (1).

---

(1) Une expédition aussi formidable fit concevoir aux Anglais des inquiétudes ; ils envoyèrent des renforts considérables à la Jamaïque.

Toussaint-Louverture étoit alors à la tête de soixante mille hommes bien disciplinés, et abondamment pourvus de munitions de guerre et de bouche. Une police extrême régnoit dans l'île. Tous les Noirs convaincus de paresse étoient arrêtés, et contraints à travailler sur les plantations du gouvernement ; on leur accordoit un quart des produits pour les payer de leurs travaux.

L'argent ne manquoit point au général noir pour solder ses troupes, et l'on prétendoit qu'il avoit au Port-au-Prince, un trésor de 40 millions de piastres (plus de 200 millions de francs).

Le général Leclerc avoit eu d'abord recours aux négociations ; et, pour donner à Toussaint un gage de ses bonnes intentions, il lui renvoya, sans condition, ses deux fils qu'avoit accompagnés leur vertueux et respectable instituteur, M. Quénon. Les pourparlers n'amenèrent aucun résultat favorable. Le général Leclerc s'aperçut que ses ennemis rusés vouloient traîner l'affaire en longueur; il s'empressa de publier, de son quartier-général du Cap, sous la date du 17 février 1802, une proclamation où il annonça une guerre implacable aux généraux noirs. En voici le texte :

Proclamation du général Leclérc, capitaine-général, commandant l'armée de Saint-Domingue.

Au quartier-général du Cap, le 28 pluviose an X (17 février 1802.)

« Je suis venu ici, au nom du gouvernement français, vous apporter la paix et le bonheur; je craignois de rencontrer des obstacles dans les vues ambitieuses des chefs de la colonie : je ne me suis pas trompé.

» Ces chefs, qui annonçoient leur dévouement à la France, dans leurs proclamations, ne pensoient à rien moins qu'à être Français ; s'ils parloient quelquefois de la France, c'est qu'ils ne se croyoient pas encore en mesure de la méconnoître ouvertement.

» Aujourd'hui leurs intentions perfides sont démasquées. Le général Toussaint m'avoit envoyé ses enfans, avec une lettre dans laquelle il assuroit qu'il ne désiroit rien tant que le bonheur de la colonie, et qu'il étoit prêt à obéir à tous les ordres que je lui donnerois.

» Je lui ai ordonné de se rendre auprès de moi ; je lui ai donné ma parole de l'employer comme mon *lieutenant-général;* il n'a répondu à cet ordre que par des phrases; il ne cherche qu'à gagner du temps.

» J'ai ordre du gouvernement français de faire régner promptement la prospérité et l'abondance ici. Si je me laissois amuser par ses détours astucieux et perfides, la colonie seroit le théâtre d'une longue guerre civile.

» J'entre en campagne, et je vais apprendre à ce rebelle quelle est la force du gouvernement français.

» Dès ce moment, il ne doit plus être,

aux yeux de tous les bons Français qui habitent Saint-Domingue, qu'un monstre insensé.

» J'ai promis aux habitans de Saint-Domingue la liberté, je saurai les en faire jouir; je ferai respecter les personnes et les propriétés.

» J'ordonne ce qui suit :

» Art. 1. Le général *Toussaint* et le général *Christophe* sont mis *hors la loi;* il est ordonné à tous citoyens de leur courir sus, et de les traiter comme des rebelles à la république française.

» 2. A dater du jour où l'armée française aura occupé un quartier, tout officier, soit civil, soit militaire, qui obéira à d'autres ordres qu'à ceux des généraux de l'armée de la république française que je commande, sera traité comme rebelle.

» 3. Les cultivateurs qui ont été induits en erreur, et qui, trompés par les perfides insinuations des généraux rebelles, auroient pris les armes, seront traités comme des enfans égarés, et renvoyés à la culture, si, toutefois, ils n'ont pas cherché à exciter de soulèvement.

» 4. Les soldats des demi-brigades qui abandonneront l'armée de Toussaint, feront partie de l'armée française.

» 5. Le général Augustin Clervaux, qui commande le département du Cibao, ayant reconnu le gouvernement français, et l'autorité du capitaine-général, est maintenu dans son grade et dans son commandement.

» 6. Le général, chef de l'état-major, fera imprimer et publier la présente proclamation. »

Une telle situation des choses ne laissoit plus de salut à aucun des deux partis que dans la victoire.

Les commencemens de la campagne furent heureux pour l'armée française. Les chefs nègres, divisés d'intérêt, et d'ailleurs disséminés sur la surface du pays, ne purent tenir contre la bravoure et la discipline de nos troupes. Bientôt Christophe, qui joue aujourd'hui un si grand rôle, et Dessalines, son lieutenant, firent leur soumission; Toussaint-Louverture ne tarda pas à suivre leur exemple, et la colonie fut un moment pacifiée. Le général Leclerc en rendit compte en ces termes dans sa correspondance officielle :

Le général en chef, au ministre de la marine et des colonies.

Au quartier-général du Cap,
le 18 floréal an X.

Citoyen ministre, je me hâte de vous envoyer le citoyen Bruyères, mon aide-de-camp, pour vous instruire des événemens heureux qui viennent de rétablir le calme de cette immense et belle colonie.

Vous aurez reçu les dépêches par lesquelles je vous rendois compte des événemens militaires qui ont eu lieu dans le mois de germinal. Battus partout, dispersés, la terreur étoit dans le camp des rebelles; sans magasin, presque sans poudre, ils étoient réduits à manger des bananes.

L'arrivée des escadres de Flessingue et du Havre acheva de porter le dernier coup.

Christophe me fit dire qu'il avoit toujours été ami des Blancs, dont il apprécioit, plus qu'aucun homme de couleur, les qualités sociales et l'instruction; que tous les Européens qui avoient été à Saint-Domingue pouvoient attester ses principes et sa conduite; que les circonstances impérieuses, qui maîtrisent et décident souvent de la conduite de l'homme public, ne l'avoient pas laissé le maître de se conduire comme il auroit voulu; enfin, qu'il désiroit savoir s'il pouvoit y avoir encore sûreté pour lui. Je lui fis répondre qu'il y avoit toujours, avec le peuple français, une porte ouverte au repentir; que l'habitude constante du premier consul étoit de peser les actions des hommes, et qu'une seule mauvaise, quelles que soient les conséquences, n'effaçoit jamais en lui le souvenir des services qu'on pouvoit avoir rendus; qu'il étoit vrai que les renseignemens que j'avois reçus avant mon départ lui étoient personnellement favorables; enfin, que, pourvu qu'il voulût se mettre à ma discrétion, il auroit lieu d'être satisfait.

Il hésitoit encore; plusieurs colonnes se mirent à sa poursuite, quelques légères rencontres eurent lieu. Christophe me fit connoître enfin que je n'avois qu'à lui envoyer des ordres. Je lui donnai celui de se rendre seul au bourg du Cap, de renvoyer tous les cultivateurs qu'il avoit encore avec lui, de réunir toutes les troupes qui étoient sous ses ordres : tout s'est ponctuellement exécuté. Plus de deux mille habitans du Cap, qui étoient dans les mornes les plus éloignées, sont rentrés. Les magasins et les pièces d'artillerie qu'il avoit, sont en notre pouvoir, et douze cents hommes environ de troupes qui lui restoient, se sont réunis aux nôtres. Une portion a été désarmée et renvoyée à la culture. Je garde l'autre pour l'incorporer dans les troupes coloniales.

La soumission de Christophe acheva de consterner Toussaint. Il employa tous les moyens pour me faire connoître la situation douloureuse où il se trouvoit, et combien il voyoit avec peine se continuer une guerre sans objet et sans but. Il ajoutoit enfin que des circonstances très-malheureuses avoient déjà occasionné bien des maux; mais que, quelle que fût la force de l'armée française, il seroit toujours assez fort et assez puissant pour brûler, ravager et vendre chèrement une vie qui avoit été quelque fois utile à la mère-patrie.

Toutes ces circonstances, fréquemment réitérées, donnèrent lieu à de profondes réflexions.

Les trois quarts de la colonie sont

encore échappés aux malheurs de l'incendie, et Toussaint et les Noirs, quoiqu'ils aient commis bien des dégâts, et fait la guerre avec une extrême barbarie, n'ont jamais vu la France, et n'ont jamais reçu, depuis douze ans, que de fausses idées de notre force et de notre caractère.

Je fis dire à Toussaint qu'il n'avoit qu'à se rendre au Cap, que l'heure du pardon pouvoit encore sonner.

Toussaint ne manqua pas de profiter de la permission que je lui avois donnée; il vint me trouver, demanda à rentrer en grâce, jura d'être fidèle à la France. J'acceptai sa soumission. Je lui ai ordonné de se rendre dans une plantation, près des Gonaïves, et de n'en jamais sortir sans mes ordres.

J'ai placé Dessalines dans une plantation, près de Saint-Marc.

Tous les cultivateurs qui avoient été entraînés, sont rentrés. J'incorporerai dans les troupes coloniales la portion des Noirs aguerris que je croirai devoir laisser armés.

Les magasins et les pièces d'artillerie, qu'ils avoient traînés sur ces rochers escarpés, et cachés au milieu des broussailles, nous sont journellement livrés; ils en avoient encore plus de cent.

Une nouvelle époque commence. Vous verrez par tous les arrêtés, et les mesures que j'ai prises, que nous nous occupons avec activité de l'administration du pays.

La mauvaise saison commence; mais le repos que prennent nos troupes nous aidera à la passer avec le moins de perte possible. Nous sommes abondamment approvisionnés, grâce à vos soins.

Salut et respect.

Signé, LECLERC.

Le dernier paragraphe de cette dépêche annonce que la saison des pluies commençoit. Les chefs noirs qui n'avoient fait qu'en apparence leur soumission, attendoient cette époque, redoutable pour les Européens nouvellement débarqués, afin de lever de nouveau l'étendard de la révolte.

Les premiers symptômes se manifestèrent sur des points éloignés du quartier-général, et l'on eut tout le temps de s'assurer de Toussaint-Louverture; il avoit fourni un motif à cette mesure de rigueur, en commettant l'imprudence d'écrire la lettre suivante qui fut interceptée :

Lettre de Toussaint-Louverture au citoyen *Domage.*

Au quartier-général de Saint-Marc, le 20 pluviose an X (9 février 1802).

« J'envoie auprès de vous, mon cher général, mon aide-de-camp, Chaney; il est porteur de la présente, et il vous dira, de ma part, ce dont je l'ai chargé.

Les Blancs de France et de la colonie, tous ensemble, veulent ôter la liberté. Il est arrivé beaucoup de vaisseaux et de troupes qui se sont emparées du Cap, après une vigoureuse résistance, à Sal-lombé; mais les ennemis n'ont trouvé qu'une ville pleine de cendres : les forts ont sauté, et tout a été incendié. La ville du Port républicain leur a été livrée par le traître général de brigade Agé, ainsi que le fort Bizoton, qui s'est rendu sans coup férir, par la trahison du chef de bataillon Bardet, ancien officier du Sud. Le général Dessalines maintient dans ce moment un cordon à la Croix-des-Bouquets, et toutes nos autres places sont sur la défensive. Comme la place de Jérémie est très-forte par les avantages de la nature, vous vous y maintiendrez et la défendrez avec le courage que je vous connois. Méfiez-vous de ces Blancs, ils vous trahiront s'ils le peuvent; leur désir bien manifesté est le retour de l'esclavage.

» En conséquence, je vous donne carte blanche; tout ce que vous ferez sera bien fait; levez en masse ces cultivateurs, et pénétrez-les bien de cette vérité, qu'il faut se méfier des gens adroits qui pourroient avoir reçu secrètement des proclamations de ces Blancs de France, et qui les feroient circuler sourdement pour séduire les amis de la liberté.

» Je donne l'ordre au général de brigade Laplume de brûler la ville de

Cayes, les autres villes et toutes les plaines, dans les cas où elles ne pourroient résister à la force de l'ennemi, et alors les troupes des différentes garnisons, et tous les cultivateurs iroient vous grossir à Jérémie; vous vous entendrez parfaitement avec le général Laplume pour bien faire les choses; vous emploierez, à planter des vivres en grande quantité, toutes les femmes cultivatrices. Tâchez, autant qu'il sera en votre pouvoir, de m'instruire de votre position. Je compte entièrement sur vous, et vous laisse absolument le maître de tout faire pour nous soustraire au joug le plus affreux. Bonne santé je vous souhaite.

» Salut et amitié.

» TOUSSAINT-LOUVERTURE. »

Le célèbre général noir, qui devoit avoir bientôt dans Christophe, Péthion et Boyer, des imitateurs plus heureux, fut donc arrêté dans les premiers jours de juin 1802; on le mit à bord d'un vaisseau de ligne, et on l'envoya à Brest; de là, il fut conduit à Paris et enfermé, pendant quelque temps, au Temple. Enfin on l'enferma dans la forteresse de Joux, près de Besançon, où il mourut subitement au mois d'avril 1803; on le trouva frappé d'apoplexie, et étendu sur le carreau près d'une table. Nos lecteurs ont vu, par les détails du tome Ier, que les vainqueurs ne gagnèrent rien à l'enlèvement du chef; moissonnés par la terrible fièvre jaune, et réduits enfin à une poignée d'hommes exténués, les Français, qui avoient survécu à tant de catastrophes, furent contraints de capituler.

DERNIÈRES OBSERVATIONS

SUR LE SORT DES PRISONNIERS FRANÇAIS A BORD DES PONTONS EN ANGLETERRE.

Voici le prétexte que donnoient les Anglais à leurs odieux traitemens envers les prisonniers de guerre simples soldats et envers les officiers, qu'on accusoit de s'être évadés malgré leur parole.

En France, et en général dans tous les pays du continent, la garde des prisonniers de guerre est facile, parce qu'on ne peut aller loin sans papiers, et qu'un soldat évadé seroit bientôt connu; mais il n'en est pas de même en Angleterre, surtout lorsque la loi contre les étrangers, l'*alien-bill*, n'est pas en vigueur. On peut aller partout sans être questionné, et en général les Anglais se montroient assez compatissans pour sauver les malheureux captifs, et leur faciliter des moyens d'embarquement. C'étoit seulement dans le voisinage des pontons que l'attrait d'une récompense pécuniaire engageoit les paysans à livrer les fugitifs. Quelquefois même il se trouvoit des hommes assez infâmes pour provoquer de malheureux Français à la désertion, et les livrer ensuite à un terrible châtiment.

Le ponton *le Sampson*, sur lequel se trouvoit détenu le sergent Flavigny, passe pour celui où les prisonniers étoient en proie aux souffrances les plus cruelles; cependant, il n'en faut pas conclure que l'on fût à son aise sur les autres. En voici la preuve dans la relation authentique, tracée par une des victimes, de ce qui se passoit à bord du *Chatam* :

« On conçoit que les malheureux prisonniers, étant serrés de cette manière, ont bientôt épuisé le peu d'air vital contenu dans un aussi petit espace, en sorte que cet air, après avoir été aspiré et rendu tant de fois, après avoir passé dans des poumons ulcérés et des poitrines malsaines, devient de plus en plus malfaisant, et bientôt infect. Souvent les chandelles ne peuvent rester allumées, et s'éteignent d'elles-mêmes. On respire d'abord avec difficulté, mais vers le matin chacun est presque suffoqué. Les soldats qui viennent ouvrir le panneau, ont soin de se retirer avec précipitation, pour ne pas être suffoqués eux-mêmes, par la vapeur blanchâtre et épaisse qui en sort. Aussi les maladies de poitrine sont elles très-communes, et il existe très-peu de prisonniers qui n'en soient plus ou moins affectés. Ceux qui ont passé quelque temps dans ces horribles demeures, ne recouvrent jamais leur première santé; ils portent avec eux le germe d'une maladie qui doit infailliblement les conduire au tombeau, vingt ou trente ans avant le terme que la nature avoit fixé. »

Une note ajoutée à l'ouvrage où nous puisons ces derniers détails, prouvera que la relation du sergent Flavigny, et ses affreuses descriptions, ne sont point exagérées :

« Dans le courant du mois de janvier 1812, MM. Vaxoncourt, Pasquier, Cormier et Lampo, officiers français prisonniers sur parole à Alresford, furent enlevés dans leurs logemens, et conduits sur-le-champ au château de Porchester; leurs papiers furent saisis, sans formalité ni inventaire, par un nommé W***, commis banquier, qui s'étoit érigé en sous-agent du *transport-office*, dont il est permis de croire que les membres ou leurs subalternes s'étoient réservé, par une mesure aussi étrange, le moyen de faire glisser, si cela eût convenu à leurs vues, de faux écrits, des correspondances supposées (on sait qu'il existe à Londres une fabrique de faux écrits en tout genre) dans les papiers de ces officiers, et de les accuser ensuite d'en être les auteurs. Le *transport-office* prétendoit qu'ils étoient complices du général Simon, qu'il accusoit si hautement et si faussement d'avoir formé le projet d'armer tous les prisonniers de guerre dans ce pays, et d'opérer un soulèvement parmi eux. Le *transport-office* savoit bien qu'une pareille conspiration ne pouvoit exister; mais il falloit faire croire à *John Bull* qu'elle étoit possible, et une trentaine de victimes sacrifiées dans cette affaire ne sont rien pour des hommes qui en ont fait périr tant de milliers.

» Le fait réel est que le général Simon avoit informé le gouvernement français (et certes, malgré tout ce qu'on peut dire, il en avoit le droit, et n'a fait que son devoir) qu'un nommé D....., prisonnier sur parole à Odeham, avoit obtenu son renvoi en France, comme espion du gouvernement anglais, et pour avoir trahi quelques uns de ses compagnons d'infortune qui avoient le projet de s'échapper. Ce D..... fut arrêté à son arrivée à Morlaix. Le *transport-office*, voulant se venger du général Simon, fit enlever ses papiers, et le fit garder à vue par des agens de police. Le général s'échappa, et fut repris. Il gémit aujourd'hui dans un château-fort en Ecosse, où il est, dit-on, au secret, et réduit à la compagnie d'un seul domestique.

» On trouva dans ses papiers quelques lettres maçonniques écrites par les officiers ci-dessus. Les maçons savent, et le *transport-office* ne doit pas ignorer, qu'on emploie dans cette sorte de correspondance les lettres initiales de certains mots qu'on n'écrit pas en entier; c'est sur ces lettres initiales, dont la signification est bien connue, que le *transport-office*, ou ses commis, à la merci desquels les prisonniers français sont souvent livrés, ont eu la mauvaise foi de fonder leurs inculpations contre le général Simon et ses prétendus complices. Ils ont renoncé depuis à une idée aussi absurde, et il n'est plus question de cette ridicule conspiration, qui a servi de prétexte pour vexer horriblement tous les prisonniers français ; mais ils n'ont pas fait relâcher leurs victimes.

» Il a été dit plus haut que les prisonniers de guerre sont à la merci des subalternes ; des milliers de faits pourroient le démontrer ; contentons-nous d'en citer deux ou trois :

» M. Garrigue, s'étant échappé des prisons de Plymouth, fut repris à Londres par les soins du sieur Adam, commis du *transport-office*, qu'il poussa assez rudement pour tâcher de se dégager de ses mains ; étant arrêté une seconde fois, il fut envoyé à la prison de Norman-

Cross, où il resta deux ans sans recevoir ni lettres, ni secours de France. Il fut échangé dans cet intervalle ; mais le sieur Adam renvoya un autre prisonnier à sa place. Enfin il lui fit savoir, en lui envoyant les lettres et l'argent qu'il avoit gardés si long-temps, que sa vengeance étoit satisfaite, qu'il l'avoit empêché de partir jusqu'alors ; mais que s'il étoit échangé une seconde fois, il seroit renvoyé. En effet, ayant été échangé à la mer, il reçut son passeport.

» Il faudroit passer les bornes d'une note pour relater toutes les indignités que les prisonniers français ont eu à souffrir d'un sous-commis du *transport-office*, nommé Sudgen, agent de police qui, par le mal qu'il leur fait, veut se donner de l'importance auprès de ses maîtres, et tâcher de supplanter le sieur Adam. La prétendue conspiration du général Simon est de son invention. Il eut une fois l'impudence de dire à des officiers arrêtés dans leur fuite, en les faisant dépouiller de leur argent et autres effets par ses recors, qui leur présentoient le pistolet, qu'il sauroit bien les forcer à leur obéir ; et sur la représentation qu'ils lui firent que, sans argent, ils ne pourroient vivre sur les pontons où il les envoyoit, il leur répondit : « Je vous rends vos montres, vous pourrez les vendre. »

» Par une cruauté raffinée, le *transport-office* a décidé qu'un prisonnier de guerre qui auroit tenté de s'échapper des pontons et autres prisons, ne seroit point renvoyé, quoiqu'il eût été échangé. Cependant, il fit expédier, en 1809, le passeport de M. Joly, détenu sur un ponton à Chatam, et échangé à la mer; mais le passeport fut renvoyé par l'agent de ce dépôt, qui se vengea de cette manière de quelques propos que M. Joly avoit tenus contre lui et sa nation. Cet infortuné languit encore dans un ponton. Les échanges à la mer sont une mine d'or exploitée par les commis, qui substituent le nom des prisonniers qui paient, à celui des échangés qui n'ont rien à donner ou qui leur déplaisent, et même à celui des maladies déclarées incurables. Plusieurs prisonniers ont été changés jusqu'à trois fois, et sont encore dans les prisons par l'effet du ressentiment et de l'avidité de quelque subalterne.

» Les secours envoyés aux prisonniers sont à la disposition des commis, qui ne les leur remettent que par petites portions, et long-temps après les avoir reçus. Ils dénaturent ces fonds, les agiotent à leur gré, ou les placent à la Banque pour leur propre compte, et en reçoivent l'intérêt. »

Pourquoi faut-il que nous soyons réduits à ne justifier jusqu'à un certain point les Anglais de traitemens aussi odieux envers leurs prisonniers de guerre, qu'en rappelant les traitemens qui étoient infligés aux malheureux Noirs sur les vaisseaux négriers de toutes les nations européennes ?

L'avarice, et, ce qui est plus inconcevable encore, l'avarice mal entendue, puisqu'elle avoit intérêt à conserver ses victimes, et non à les faire périr, entassoit les Nègres sur les bâtimens qui les transportoient des rives de l'Afrique aux colonies des Antilles.

Telles étoient la disposition et les dimensions des bâtimens, que chaque individu n'avoit pour se retourner qu'un très-étroit espace, d'après les proportions ci-après :

Pour les hommes, six pieds de longueur, sur un pied quatre pouces de largeur.

Pour les femmes, cinq pieds dix pouces, sur un pied quatre pouces.

Pour les garçons, cinq pieds, sur un pied deux pouces de large.

Pour les jeunes filles, quatre pieds six pouces sur un seul pied de largeur.

Plus de six cents malheureux étoient souvent embarqués de cette manière; mais cent cinquante ou deux cents seulement se trouvoient déjà fort incommodés.

Comme on craignoit que les Nègres adultes ne se portassent à l'insurrection, ils étoient tenus constamment aux fers dans une chambre d'une construction plus solide que le reste du bâtiment. Lorsqu'un vaisseau étoit plein, ce qui arrivoit presque toujours, les malheureux ne pouvoient se coucher sur le dos, mais sur les côtés, et il n'étoit pas rare qu'on en relevât le matin quelques uns qui avoient perdu la vie dans cette situation.

Quelquefois les armateurs, victimes de leur cupidité, ont éprouvé, par suite de tant de barbarie, des pertes considérables; la mortalité n'étoit jamais moindre d'un cinquième, c'est-à-dire, de vingt individus sur cent.

La dunette, ou le pont de devant étoit réservée aux malades; mais on n'y portoit les hommes que quand leur état désespéré ne les rendoit plus dangereux. En bonne santé ou malades, les esclaves n'avoient jamais de lits; ils couchoient sur les planches, dont le frottement, joint à celui de leurs fers, les mettoit tout en sang, et leur occasionnoit des douleurs cuisantes. En effet, les hommes étoient enchaînés deux à deux, la jambe droite de l'un attachée à la jambe gauche de l'autre, et leurs têtes assujéties de la même manière.

Tous les jours on faisoit monter les Noirs, à huit heures du matin, sur le tillac: une forte chaîne, attachée au pont par des anneaux solides, traversoit les fers de chaque couple; sans cette précaution, disoit-on pour excuser un traitement aussi cruel, ces malheureux se seroient révoltés. Quand il faisoit beau, on leur permettoit de prendre l'air environ huit heures sur vingt-quatre; pendant ce temps, on leur donnoit à manger, et l'on nettoyoit leurs chambres; mais quand le temps étoit mauvais, on les privoit de ce triste dédommagement: ils ne pouvoient sortir que par détachement de dix à la fois pour prendre leurs repas, dont la durée étoit invariablement fixée à un quart d'heure.

Lorsqu'il survenoit quelque tempête, la nécessité de tirer du fond de cale l'eau et les provisions, et par conséquent d'ouvrir quelque passage, obligeoit de faire venir sur le pont un certain nombre de Noirs couchés sur les écoutilles. Ce passage subit de chambres d'une chaleur extrême à un endroit froid, exposé à la pluie et au vent, leur occasionnoit des rhumes et des maladies dangereuses qui, se tournant en contagion, gagnoient bientôt les autres Noirs, et les matelots blancs eux-mêmes. Nul voyage n'étoit plus fatal aux gens de mer que les expéditions pour la traite des Nègres.

Nous lisons, dans un *Voyage au Séné-*

gal (1), d'horribles détails à ce sujet. On y rappelle, d'après un chirurgien anglais, M. Falconbridge, la peinture suivante d'un vaisseau négrier, où les Noirs se trouvèrent attaqués de la dyssenterie :

« Des vents humides et impétueux » ayant forcé de fermer les sabords et » les caillebots, des fièvres contagieuses » et des dyssenteries se déclarèrent parmi » les Noirs. Dans ces conjonctures, les » devoirs de ma profession m'enga- » geoient à faire parmi eux de fréquentes

---

(1) *L'Afrique*, ou Histoire, Mœurs, Usages et Costumes des Africains; par M. R. G. V. Quatre volumes in-18, ornés de figures. Cet ouvrage se trouve chez le même libraire.

» visites; mais enfin, la chaleur des » chambres devint tellement suffo- » quante, qu'il n'étoit plus possible d'y » résister long-temps. Cependant, l'ex- » trême chaleur n'étoit pas encore le » plus terrible de leurs maux. Le pont, » dont la surface forme le plancher des » chambres, étoit tellement couvert de » sang et de matières muqueuses qu'ils » rendoient dans leurs excrémens, qu'on » auroit cru être au milieu de la tuerie » d'un boucher. On ne sauroit se faire » idée d'une situation plus affreuse ou » plus dégoûtante. Nombre d'esclaves » perdoient connoissance; on les trans- » portoit sur le tillac, où plusieurs pé- » rissoient misérablement, et les autres » n'étoient qu'avec peine rappelés à la

» vie. Je faillis moi-même succomber à » la violence de la contagion. »

Le seul exercice qui fût permis aux malheureux Noirs, étoit de sauter avec leurs fers.

On voit, par l'exposé fidèle que nous venons de faire, que le traitement des prisonniers français sur les pontons n'étoit, auprès des supplices endurés par les Nègres, qu'une captivité très-supportable. Pourquoi les hommes, dont la vie est si courte, et assujétie à tant de misères, prennent-ils le soin d'empoisonner ainsi l'existence de leurs semblables ? Les vœux d'une sage philanthropie ne seront-ils jamais écoutés !

FIN.

www.ingramcontent.com/pod-product-compliance
Ingram Content Group UK Ltd.
Pitfield, Milton Keynes, MK11 3LW, UK
UKHW021118220726
13924UKWH00004B/1783